Contraste insuffisant

NF Z 43-120-14

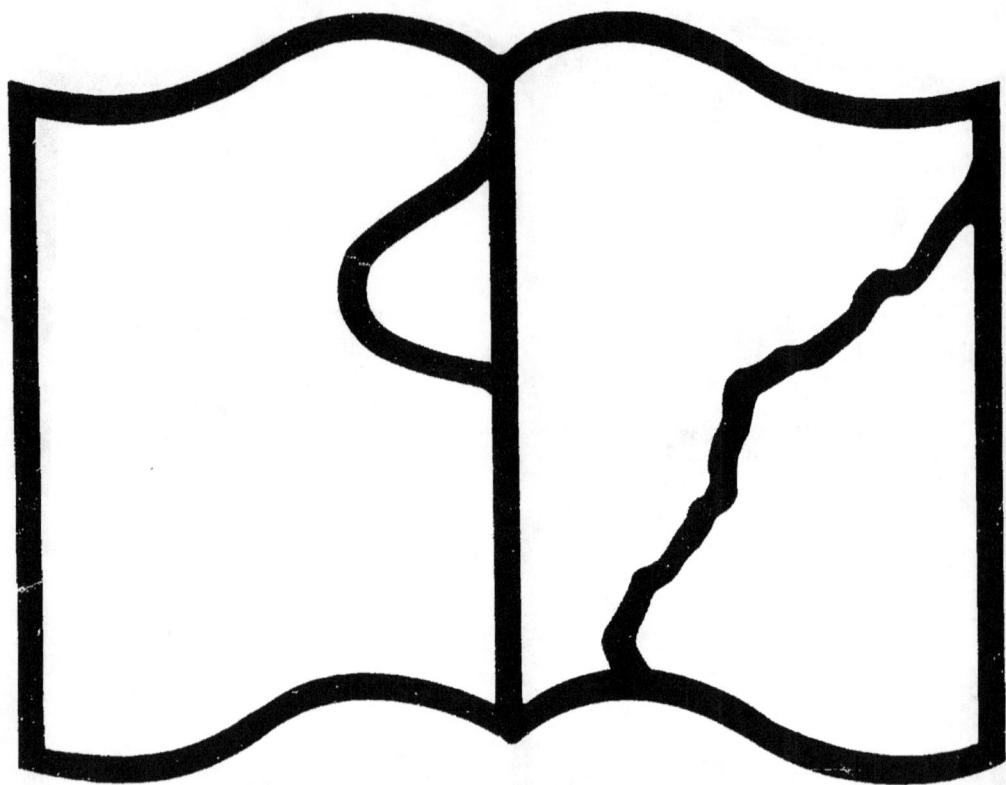

Texte détérioré — reliure défectueuse

NF Z 43-120-11

MÉTHODE

DE

STÉNOGRAPHIE MUSICALE

OU

LA MUSIQUE RENDUE FACILE

PAR LA SUPPRESSION DES PORTÉES ET DES CLÉS

PAR LÉON **LABATUT** STÉNOGRAPHE

A CONDOM GERS

PRIX 3 FRANS 75 cᵗᵉˢ

F FRANCO

18 CONDOM GERS LÉON LABATUT RUE BAZAX 18

— Note de l'Auteur. —

Sollicité par plusieurs de mes collègues de faire paraître ma méthode dans un bref délai, on voudra bien excuser les quelques erreurs qui se sont glissées dans le tirage de cette première édition.

Les éditions suivantes d'ouvrages de sténographie musicale, seront livrées d'une manière irréprochable sous tous les rapports et sans augmentation de prix.

149 89

MÉTHODE

DE

STÉNOGRAPHIE MUSICALE

OU

LA MUSIQUE RENDUE FACILE

PAR LA SUPPRESSION DES PORTÉES ET DES CLÉS

PAR LÉON **LABATUT** STÉNOGRAPHE

A CONDOM GERS

PRIX 3 Frans 75 c^{ter}

FRANCO

18 CONDOM GERS LÉON LABATUT RUE BAZAX 18

Tout, exemplaire qui ne portera pas l'écriture et la signature autographes de M. L. Labatut auteur-éditeur et qui ne sera pas revêtu de son sceau particulier, sera réputé contrefait;

Les contrefacteurs seront poursuivis conformément à la loi.

L. Labatut

Prix de la Méthode 3,50. Franco: 3,75

— Errata. —

La 3e Livraison (pages 7 à 14) étant intercalée, on est prié de suivre les numéros par ordre

N.-B. = A tout acheteur de la Méthode des renseignements seront donnés sur demande affranchie et renfermant un timbre pour la réponse, à l'adresse de l'auteur.

(Ouvrage

Préface

À l'heure où la sténographie fait de si grands progrès en France, à l'exemple notamment de l'Allemagne de l'Angleterre et des États Unis où cette science est appliquée à tous les travaux administratifs industriels et commerciaux, le besoin se fait sentir pour nous Français d'adapter la sténographie à l'art musical. C'est à cet effet que j'ai composé ce petit ouvrage.

La sténographie que j'ai employée étant nouvelle, il ne sera pas nécessaire d'avoir de connaissances spéciales pour faire l'étude de mon travail qui ne comporte que quelques signes tous d'un tracé facile et rapide.

Écrire la musique couramment comme nous écrivons ordinairement, écrire d'un seul trait de plume le nom de la note sa valeur et son octave sans déroger aux règles de l'harmonie tel a été mon but.

Par suite de ce procédé, la portée musicale se trouvant supprimée; il ne sera plus possible de trouver de difficultés à lire le notes, surtout celles usitées pour les instruments aigus, comme le violon, la flûte la clarinette ainsi que celles pour les instruments graves, tels que le violoncelle, la contre-basse &a &a.

La suppression de la portée entraînant la disparition des clés d'Ut et de fa, seule la clé de Sol servira seulement et pour mémoire; elle sera la base des octaves qui partiront toutes du sol de la clé.

La Musique vulgaire dont les notes et leurs altérations sont écrites éparses sur cinq lignes horizontales m'a amené bien des fois à faire les considérations suivantes:

Un élève possédant bien

le tableau de la valeur des notes et celui de
chaque mesure ne sera point embarrassé
pour faire l'analyse d'une mesure quelconque; il saura parfaitement que le six-huit
est représenté par une blanche pointée ou
par deux noires pointées ou six croches; —
que le trois-huit comporte une noire
pointée ou trois croches &ª. Ce calcul
de notes ne décourage pas l'élève. Après
l'étude des valeurs, l'élève devra apprendre à
en faire l'application en nommant les
notes et en attribuant à chacune d'elles
sa valeur et cela dans tous les rhythmes
de la musique et dans tous les mouve-
ments. L'élève qui n'éprouvait pas
de difficulté dans le calcul des valeurs en
aura de bien grandes pour la lecture des
rhythmes. Cela se conçoit d'autant mieux
que les notes qu'il apprend à nommer se
trouvent toutes disséminées sur cinq lignes
horizontales et dans quatre interlignes;
qu'à l'école, il n'a pas appris à lire
dans un livre ayant ce nombre de
lignes pour un seul mot, mais une
seule ligne où les mots se succédaient
régulièrement. Il lui faudra donc

du temps beaucoup de temps avant de pouvoir lire les notes dans un mouvement rapide et cependant, l'élève doit savoir lire dans tous les rhythmes avant de chanter ou de jouer un morceau.

Elle risque de trouver plus tard des difficultés insurmontables, l'élève doit étudier pendant un an le solfège avant de prendre un instrument quelconque. Mais, qu'il la trouve aride cette étude des rhythmes! Quel pénible travail que celui de répéter constamment les sept noms de note éparpillées sur les portées musicales.

Tous les élèves qui ont envie de devenir musiciens, ont-ils le courage de supporter cette rude épreuve? Ne semble-t-il extraordinaire aux parents qu'il faille six mois, un an, à un élève avant de savoir assez bien lire la musique? Mais, ne voit-on pas des élèves qui après six mois, trois mois, un mois même de solfège commencent déjà à jouer d'un instrument, avec tel maître qui, au bout de trois mois plus tard le reconnaît après de faire partie d'une société musicale ?

Et les élèves que ce professeur a fait arriver si rapidement au grade d'instrumentistes et de membres d'une société musicale, ces élèves qui ont abandonné si vite leur solfège, ne se décourageront-ils pas en entendant les observations que le chef sera inévitablement obligé de leur faire à chaque instant dans ses répétitions ? — Que fera l'élève en pareille occurrence ? Il manquera d'assiduité; s'embrouillant dans la lecture des rhythmes, il abandonnera souvent chez lui le morceau à moitié étudié, il passera des journées sans toucher son instrument, il n'aura plus la patience de le faire résonner et sûrement s'il ne s'est pas lancé dans la routine, finira par être totalement dégoûté de l'étude musicale où il espérait aboutir à de bons résultats.

Quelle est la cause de ce découragement ?

C'est le manque de lecture occasionné par l'énorme difficulté

de lire et de faire lire les notes toutes
éparses sur une portée de cinq lignes et
quatre interlignes avec les autres signes
placés sans ordre.

    Sur ce chapitre d'ailleurs,
J. J. Rousseau s'exprime ainsi dans son
Dictionnaire de Musique :

      « En général, on peut ré-
« duire les vices de la musique ordinaire à
« trois classes principales : La première
« est la multitude des signes et de leurs
« combinaisons qui surchargent inutile-
« ment l'esprit et la mémoire des com-
« mençants ; de façon que l'oreille étant
« formée et les organes ayant acquis toute
« la facilité nécessaire longtemps avant
« qu'on soit en état de chanter à livre
« ouvert, il s'ensuit que toute la dif-
« ficulté est toute dans l'observation des
« règles et nullement dans l'exécution du
« chant. — La Deuxième, est le défaut
« d'évidence dans le genre des intervalles
« exprimés sur la même ou sur diffé-
« rentes clés, défaut d'une si grande
« étendue que non seulement il est

« la cause principale de la lenteur du
« progrès des écoliers mais encore qu'il
« n'est point de musiciens formés qui
« n'en soient quelquefois incommodés
« dans l'exécution. — La troisième enfin
« est l'extrême difficulté des caractères
« et le trop grand volume qu'ils occu-
« pent ; ce qui, joint à ces lignes et à
« ces portées si ennuyeuses à tracer,
« devient une source d'embarras de
« plus d'une espèce. »

C'est à ce grand incon-
vénient que j'ai voulu remédier.
Mon but en supprimant la portée, a
été de permettre d'écrire les notes les unes
à la suite des autres, comme nous écrivons
les lettres ordinaires, de pouvoir tracer autant que possible d'un seul trait de
plume le nom de la note son octave
et sa valeur et enfin de supprimer
l'étude difficile des clés qui changent
complètement le nom des notes sur
la portée, — espérant par ce moyen
arriver à former en moins de temps
un élève que par les anciens procédés

et l'empêcher de se décourager si vite de
la musique dont il ne trouvera plus la
lecture fatiguante et difficile, mais a-
musante et récréative.

C'est ainsi qu'en faisant
ce travail je me suis efforcé d'atteindre
le but proposé par Rousseau dans sa
Dissertation sur la musique ordinaire,
où on lit ce qui suit :

« Le système que je propose,
« roule sur deux objets principaux : l'un
« de noter la musique et toutes ses diffi-
« cultés d'une manière plus simple, plus
« commode et sous un moindre volume.
« Le deuxième, et le plus considérable, est
« de la rendre aussi aisée à apprendre
« qu'elle a été rebutante jusqu'à présent,
« d'en réduire les signes à un plus petit
« nombre, sans rien retrancher de l'ex-
« pression »

Mais en matière musica-
le, un système sténographique trop
abréviatif qui écrirait par exemple
toute une mesure dans un seul sté-

nogramme, nuirait beaucoup à l'exécution. C'est pourquoi j'ai maintenu la séparation des mesures et la régularité dans l'écriture des notes. Si mes prévisions sont justes, si je ne me suis point trompé en pensant que le moment était venu d'abréger d'une manière raisonnable par la sténographie notre écriture musicale je suis persuadé que mon système sténographique musical sera désormais employé.

Je dirai alors avec J. J. Rousseau : « Les maîtres ne doivent « pas craindre de redevenir écoliers ; « ma méthode est si simple qu'elle « n'a besoin que d'être lue et « non pas étudiée. »

Condom, le 30 Septembre, 1889.

L. Labatut

Notions
Préliminaires
de
la Musique sténographiée
* ✕ *

Article 1er
De la position de la Clé

La clé de sol est seule en usage mais ne s'écrit pas. Elle est le point de départ pour la lecture des notes placées au dessus ou au dessous du sol note écrite sur la deuxième ligne de la musique ordinaire. Il suffit de retenir cela

Article 2e/3
Du nombre de notes
qui servent à écrire la musique

Les notes de la musique sont au nombre de sept que l'on nomme : do, ré, mi, fa, sol, la, si.

Sténographie musicale Tabutiaux.

Ces notes font cinq tons et deux demi tons et forment ce qu'on appelle la Gamme.

Le modèle des tons majeurs est le ton de do naturel.

Ainsi :

De do à ré il y a un ton
De ré à mi il y a un ton
De mi à fa il — un demi ton
De fa à sol il — un ton
De sol à la — un ton
De la à si — un ton
De si à do — un demi ton.

Article 3ᵉ
De la Valeur des Notes.

Les valeurs sont au nombre de sept savoir : La Ronde, la Blanche, la Noire, la Croche, la Double-croche, la Triple-croche et la Quadruple croche

On divise ces notes en sept tableaux :

1ᵉ La Ronde vaut 2 blanches, ou quatre noires, ou 8 croches, ou 16 doubles croches, ou 32 triples croches, ou 64 quadruples croches.

+

2.° La Blanche vaut 2 noires, ou 4 croches, ou 8 doubles croches, ou 16 triples croches ou 32 quadruples croches.

+

3.° La Noire vaut 2 croches ou 4 doubles croches ou 8 triples croches, ou 16 quadruples croches.

+

4.° La Croche vaut 2 doubles croches ou 4 triples croches ou 8 quadruples croches.

+

5.° La Double croche vaut 2 triples croches ou 4 quadruples croches

+

6.° La Triple croche vaut 2 quadruples croches.

Article 4
De la Durée des Notes.
Explication des Tableaux qui précèdent.

Puisque la ronde vaut quatre temps et que la ronde vaut 2 blanches; il faudra 2 blanches pour faire 4 temps; donc la blanche vaut 2 temps.

Puisque la ronde vaut 4 temps et que la ronde vaut 4 noires, il faudra 4 noires pour faire 4 temps ; donc la noire vaut un temps.

Puisque la ronde vaut 4 temps et que la ronde vaut 8 croches, il faudra 8 croches pour faire 4 temps ; donc, la croche vaut un demi temps.

Puisque la ronde vaut 4 temps et que la ronde vaut 16 doubles croches, il faudra 16 doubles croches pour faire 4 temps ; donc la double-croche vaut un quart de temps. Puisque la ronde vaut 4 temps et que la ronde vaut 32 triples croches, il faudra 32 triples-croches pour faire 4 temps ; donc, la triple-croche vaut un huitième de temps.

Puisque la ronde vaut 4 temps et que la ronde vaut 64 quadruples croches, il faudra 64 quadruples croches pour faire quatre temps ; donc la quadruple-croche vaut un seizième de temps.

Article 5.
De la Valeur du Point après les Notes.

Le Point placé après une note quelconque, l'augmente de la moitié de sa valeur, ce qui donne le résultat suivant :

La ronde sans point vaut 2 blanches.
La moitié de 2 est 1 qui est à ajouter ;
la ronde pointée vaut 3 blanches.

La blanche sans point vaut 2 noires.
La moitié de 2 est 1 qui à ajouter ; La blanche
pointée vaut 3 noires.

La noire sans point vaut 2 croches.
La moitié de 2 est 1 qui est à ajouter.
La noire pointée vaut 3 croches.

La croche sans point vaut 2
doubles croches. La moitié de 2 est 1 qui à
à ajouter : La croche pointée vaut 3
doubles - croches.

La double - croche sans point
vaut 2 triples - croches. La moitié de 2
est 1 qui est à ajouter : La triple - croche
pointée vaut 3 triples croches.

La triple croche sans point
vaut 2 quadruples - croches. La moitié de
2 est 1 qui est à ajouter : La triple -
croche pointée vaut 3 quadruples -
croches.

Article 6.
Du second point après la note.

Un second point augmente
encore la note de la moitié de la valeur
du premier point. Soit, le résultat suivant.

La ronde pointée vaut 3 blanches. La valeur du premier point est une blanche, et la moitié de la valeur de cette blanche, est une noire ; La ronde avec 2 points vaut 3 blanches et une noire.

La blanche pointée vaut 3 noires. La valeur du premier point est une noire et la moitié de cette noire est une croche ; La blanche avec 2 points vaut 3 noires et une croche.

La noire pointée vaut 3 croches. La valeur du premier point est une croche et la moitié de cette croche est une double-croche. La noire avec deux points vaut 3 croches et une double-croche. La croche pointée vaut 3 doubles croches. La valeur du premier point est une double-croche et la moitié de cette double-croche est une triple-croche ; La croche avec 2 points vaut 3 doubles croches et une triple-croche.

La double-croche pointée vaut 3 triples-croches. La valeur du premier point est une triple-croche et la moitié de cette triple croche est une quadruple croche ; La double croche avec deux points vaut trois triples—

croches et une quadruple croche.

Article 7
Du Nom et de la Valeur des Silences.

Il y a sept silences dans la musique. Ce sont des temps de repos qui ont la même valeur que les notes qu'ils représentent dans le cours d'un morceau. Ils sont écrits isolément dans la mesure et ont la même figure que la valeur des notes ainsi qu'on le verra plus loin.

Les sept silences se nomment: La pause; la demi-pause; le soupir; le demi-soupir; le quart de soupir; le huitième ou demi-quart de soupir; et le seizième de soupir.

On marque le silence d'une ronde, par une pause; d'une blanche, par une demi-pause; d'une noire, par un soupir; d'une croche, par un demi-soupir; d'une double croche, par un quart de soupir; d'une triple croche, par un demi-quart de soupir; d'une quadruple-croche, par un seizième de soupir.

Les Bémols exercent leurs fonctions sur les Notes rangées dans l'ordre suivant : si, mi, la, ré, sol, do, fa, si.

Le premier bémol baisse le si d'un demi-ton et s'appelle si bémol. Le deuxième baisse le mi d'un demi ton et s'appelle mi bémol. Le troisième baisse le la d'un demi-ton et s'appelle la bémol. Le quatrième baisse le ré d'un demi-ton et s'appelle ré bémol. Le cinquième baisse le sol d'un demi-ton et s'appelle sol bémol. Le sixième baisse le do d'un demi-ton et s'appelle do bémol. Le septième baisse le fa d'un demi-ton et s'appelle fa bémol.

Le double bémol baisse la note d'un ton.

Les signes altératifs écrits au commencement de la ligne musicale exercent leurs fonctions dans le courant d'un morceau sur toutes les notes dont ils portent le nom correspondant.

Au contraire, les signes altératifs écrits accidentellement

n'exercent leurs fonctions que pendant la durée de la mesure où ils se trouvent.

Article 12
De la distinction
du Mode Majeur et du Mode Mineur.

Il y a deux modes dans la musique : le mode majeur et le mode mineur. Chaque ton majeur a un ton relatif.

Les tons relatifs sont ceux qui ont des signes d'altération au commencement de la ligne et dont le nombre est le même.

Le modèle des tons majeurs est le ton de do naturel.

Le modèle des tons mineurs est le ton de la naturel.

On reconnaît lorsqu'un mode est majeur, quand il y a deux tons de la première note à la troisième, en partant du ton de do naturel. Exemple : de do à ré un ton ; de ré à mi, un ton.

On reconnaît lorsqu'un mode est mineur, quand il n'y a qu'un ton et un demi ton de la première note à la troisième, en partant du ton de la

J. Labassa imp. autograph. Couder, Alger.

le premier se fait en frappant, le deuziè-
me à droite et le troisième à gauche.

3° Pour la mesure à quatre temps, le
premier se fait en frappant, le second
à gauche, le troisième à droite et le
quatrième en levant.

Article 10
Des signes altératifs et de leurs effets.

—

Les signes altératifs sont :
Le dièze, le double dièze, le bémol,
le double bémol et le bécarre.

Le dièze sur une note naturelle
hausse la note d'un demi ton chromatique

Le bémol sur une note naturelle
baisse la note d'un demi ton chromatique

Pour pouvoir mettre un dièze
ou un bémol sur une note, il faut que
cette note soit naturelle.

Le bécarre placé sur une note
remet cette note dans son ton naturel

Pour pouvoir mettre un
bécarre sur une note, il faut que la
note soit dièzée ou bémolisée.

Article 11.
De la Position des signes altératifs et de leurs fonctions sur les notes.

—

Les signes altératifs se placent au dessus du nom de la note, sans toucher au signe de l'octave.

Les Dièzes exercent leurs fonctions sur les notes rangées dans l'ordre suivant : fa, do, sol, rè, la, mi, si, fa ; — d'où il suit qu'il y a sept dièzes et un double dièze.

Le premier dièze hausse le fa d'un demi ton et se nomme fa dièze. Le deuxième hausse le do d'un demi ton et s'appelle do dièze. Le troisième hausse le sol d'un demi ton et s'appelle sol dièze. Le quatrième hausse le rè d'un demi ton et s'appelle rè dièze. Le cinquième hausse le la d'un demi ton et s'appelle la dièze. Le sixième hausse le mi d'un demi ton et s'appelle mi dièze. Le septième hausse le si d'un demi ton et s'appelle si dièze.

Le Double dièze hausse la note d'un ton.

Article 8.
De la Mesure
—

La mesure est la division de la durée des notes et des silences en plusieurs parties égales qu'on nomme temps, lesquelles sont renfermées dans l'espace de deux petites lignes horizontales appelées lignes de séparation.

Les mesures principales sont : la mesure à 4 temps, la mesure à 3 temps et la mesure à 2 temps.

Ces mesures appelées mesures simples sont représentées comme suit :

La mesure à quatre temps est représentée par le chiffre 4 ou bien par un C ; La mesure à trois temps est représentée par le chiffre 3 ou la fraction $\frac{3}{4}$. La mesure à deux temps est représentée par le chiffre 2 ou la fraction $\frac{2}{4}$.

Les Mesures composées les plus usitées sont au nombre de 3, savoir : La mesure à six-huit, la mesure à trois-huit et la mesure à douze-huit.

La mesure à six-huit, qui

se bat à deux temps, est représentée par la fraction $\frac{6}{8}$. La mesure à trois-huit qui se bat à trois temps, est représentée par la fraction $\frac{3}{8}$. Et la mesure à douze-huit qui se bat à quatre temps est représentée par la fraction $\frac{12}{8}$.

Ces mesures sont représentées par des fractions, parce qu'elles sont les six-huitièmes, les trois-huitièmes et les douze huitièmes de la ronde ; — de même que le deux-quatre représente les deux quarts ou la moitié de la ronde et que le trois-quatre représente les trois quarts de la ronde.

Article 9
Manière de battre la Mesure.

—

Battre la mesure, c'est indiquer par un mouvement du pied ou de la main, la division des temps qui la composent.

Chaque temps se marque ainsi :

1º Pour la mesure à deux temps, le premier se fait en frappant ; le deuxième en levant.

2º Pour la mesure à trois temps,

naturel, modèle et tons mineurs.

Exemple : de la à si un ton ; de si à do, un demi ton.

Le ton naturel existe lorsqu'il n'y a ni dièze, ni bémol à la ligne.

Quand il n'y a ni dièze ni bémol à la ligne, on est en do majeur ou en la mineur.

Dièzes.

Avec un dièze à la ligne, on est en sol majeur ou en mi mineur. Avec deux dièzes, en ré majeur ou en si mineur. Avec trois dièzes, en la majeur ou en fa dièze mineur ; Avec quatre dièzes, en mi majeur ou en do dièze mineur. Avec cinq dièzes, en si majeur ou en sol dièze mineur. Avec six dièzes, en fa dièze majeur ou en ré dièze mineur. Avec sept dièzes, en do dièze majeur ou en la dièze mineur.

Bémols.

Avec un bémol à la ligne, on est en fa majeur ou en ré mineur. Avec deux bémols, en si bémol majeur ou en sol mineur. Avec trois bémols, en mi bémol majeur, ou en do mineur. Avec quatre bémols, en la bémol ma

J. Latame. autographe condon qu

jeur ou en fa mineur. Avec cinq bémols à la ligne en ré bémol majeur ou en si bémol mineur. Avec six bémols, en sol bémol majeur ou en mi bémol mineur. Avec sept bémols, en do bémol majeur ou en la bémol mineur.

Article 13.
Des Intervalles des Notes
Dans l'Ordre naturel.

En prenant la Gamme, qui commence par le ton de do naturel, on nomme la distance de do à do : Unisson. De do à ré : Seconde. De do à mi : Tierce. De do à fa : Quarte. De do à sol : Quinte. De do à la : Sixte. De do à si : septième. De do à do : octave.

Article 14.
Du Renversement des Intervalles
Dans l'Ordre naturel.

Un unisson renversé devient : Octave. Une seconde renversée devient : septième. Une tierce renversée devient : sixte. Une quarte

renversée devient : quinte. Une quinte
renversée devient : quarte. Une sixte
renversée devient : tierce. Une septième renversée devient : seconde. Une octave renversée devient unisson.

Article 15
Des signes employés dans la Musique.

La liaison se place au dessus
de plusieurs notes et indique qu'il faut
en lier les sons. Lorsque la liaison :
lie deux notes du même nom et de la même octave, elle prend le nom de
syncope et indique qu'il ne faut
pas répéter la seconde note.

Les petites notes ou notes d'agrément n'ont point de valeur dans la
mesure ; elles la prennent sur la durée de
la note à laquelle elles sont liées.

Le piqué (... III) qui se place
au dessus des notes indique qu'il faut dé-
tacher et bien faire sentir toutes les notes

Le trille (tmmm) consiste
dans un battement alternatif de la note
sur laquelle il est marqué, avec une
autre note d'un ton ou d'un demi-ton

au Dessus.

La reprise ⫶ indique qu'il faut reprendre du côté où sont les points.

La ligne d'achèvement ou finale, se marque ainsi : ✝

La lettre F signifie : fort

Les 2 F signifient très-fort

Le signe ⋖ se nomme crescendo et indique qu'il faut augmenter le son. Le signe ⋗ se nomme Decrescendo et indique qu'il faut diminuer le son.

Les lettres D.C. signifient Da Capo et indiquent qu'il faut reprendre du commencement.

Le signe 𝄋 signifie renvoi du signe au signe.

Le signe ⸪ signifie répétition de mesure : ⨳

La lettre « P » signifie : piano ou doux. Les 2 P signifient très-doux

Largo signifie lent
Larghetto : moins lent
Adagio : posément.
Andante : moins vite que Largo.
Andantino : moins vite qu'Andante
Allegro : gai
Allegretto : moins vite qu'Allegro.

Amoroso signifie amoureusement.
Grazioso ; gracieusement.
Moderato : modérément.
Presto ; vite. Prestissimo : très-vite.

N. B. — Avant de passer aux règles de la Sténographie-Musicale, j'appelle l'attention des lecteurs sur le tableau ci-après au moyen duquel ils verront de suite l'avantage qu'il y a à se servir de mes sténogrammes placés au dessous de chaque note noire. Chaque sténogramme porte avec lui le nom de la note, sa valeur et son octave, tout cela tracé le plus souvent d'un seul trait de plume et toujours avec lisibilité.

Le tableau où figurent toutes les notes à toutes les octaves devra être consulté lorsque on fera des traductions en sténographie musicale.

Tableau
de l'Étendue générale de la Musique
en Clé de Sol.

Premièrement. Notes graves.

do ré mi fa sol la si do ré mi fa sol la si do ré mi fa sol la si do

3ième octave   2e octave   1ère octave   1ère octave

Sténographie musicale Labatut
La méthode 3 f 50 c.
En Vente : aux bureaux de la musique sténographique, rue Bayas 18
à Condom (Gers.)

Deuxiemement. — Notes aigues.

(suite page 21)

Sténographie musicale Labatut.

Feuilles de Propagande :

Alphabets. Le cent : 5 fr. franco.

En vente aux Bureaux de la musique sténographique no Pages 16

à CORBON (Lot)

Voir la fin page 22

Page 270-271

Étendue générale de la musique
en clé de Sol
♯♯
♯ Les cent Tableaux 9 fr.
(cinq francs)

Éclaircissement. — Notes aiguës. (fin)

Le système sténographique musical Labattut

n'exige aucune connais-
sance de la sténogra-
phie. Il sert pour les
airs les plus difficiles
et les plus compliqués
et joue tous les instruments.

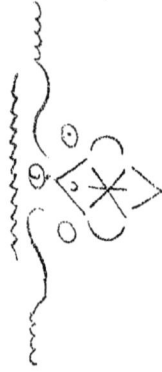

sol la si mi fa sol la si do do

1ère octave   8e octave

Fin

Sténographie musicale

~~~

§. 1. — De la Clé.

—

La Clé de sol est seule usitée. Elle est la base des Octaves des Notes unies à leurs noms et à leurs valeurs par un seul trait de plume.

~~~~

§. 2. — Des Notes.

—

Les sept Notes de la Musique : do, ré, mi, fa, sol, la, si, sont représentés de la manière suivante :

Le do par une ligne verticale . . . . |
Le ré, par une oblique tracée de gauche à droite. . . . . \
Le mi par une oblique tracée de droite à gauche . . . /
Le fa par un demi cercle en forme de C C
Le sol, par un demi cercle en forme de C retourné)
Le la par la lettre V V
Le si par la lettre V renversée . . . . . . ∧

~~~~

§. 3 — Des figures de Notes ou Valeurs.

Les sept figures de notes ou valeurs : ronde, blanche, noire, croche, double-croche, triple-croche et quadruple croche, sont représentées comme suit :

La Ronde par un cercle bouché . . . . 𝇇

La Blanche par un cercle . . . . ○

La Noire par un cercle pointé . . . . ⊙

La Croche par un petit demi cercle c

La Double-Croche par deux petits cercls superposés 8

La Triple-Croche par trois petits cercls superposés 8

La Quadruple croche par quatre petits cercls superposés 8

§. 4 — Union des Notes aux Valeurs.

On remarquera dans le tableau qui va suivre, que toutes les valeurs de Notes sont tracées en suivant le mouvement donné par le commencement du signe indicatif du nom de la note, c'est-à-dire en avançant excepté fa, sol triple-croche — quadruple croche. On doit tracer les valeurs en avançant, toutes les fois qu'il y a possibilité pour la liaison

P. Lebrasseur Imprimeur Autographe — condom gers)

sans mauge des valeurs avec leurs octaves au
dessous du sol de la clé.

Tableau 1.

~~~~~~~~~~

§. 5. — Des Silences.

Les sept silences sont représentés pu-
rement et simplement par les valeurs des
notes. Ils seront d'autant plus faciles à distinguer, qu'ils ne sont jamais unis aux
noms des notes ni aux octaves, mais au
contraire, écrits isolément, à la place de
la note qu'ils remplacent dans la mesure.

§. 6.— Octaves des Notes.

Règle générale.— Les Octaves s'écrivent au dessus ou au commencement du tracé du nom de la Note; et au dessous ou à la fin du tracé de la valeur de la note.

Elles s'écrivent au dessus ou au commencement du tracé du nom de la note, lorsque cette note est plus haute que le Sol de la Clé ou lui est égale.

Elles s'écrivent au dessous ou à la fin du tracé de la valeur de la note lorsque cette note est plus basse que le sol de la clé.

§. 7.— Chiffres des Octaves.

Les chiffres sténographiques employés pour l'indication des Octaves sont les suivants : Tableau 2.

Octaves	1ère	2e	3e	4e	5e	6e	7e
Chiffres	⌐	¬	⌂	(ou)	⌐	△	□

§. 8.— Répartition des Chiffres octaves.

Ces Chiffres sont répartis ainsi :
— Tableau 3 —

Sur le Nom de la Note.		A la suite de la Valeur de la Note.	
1ère Octave au dessus du Sol . . .	— I	1ère Octave au dessous du sol . .	—
2e . . . . . . id	\ /	2e . . . . . id	\ /
3e . . . . . id	∩	3e . . . . . . id	∩
4e . . . . . id	⊂⊃	4e . . . . id . . —	Néant
5e . . . . . id	⌐	5e . . . . —	id
6e . . . . . id	△	6e . . . . —	id
7e . . . . . id	□	7e . . . . —	id

§. 9.— Explication des Octaves.

Manière de les unir aux noms des Notes et aux Valeurs.

Première octave.

La première octave au dessus du sol se marque par une petite horizontale sur les notes do, ré, mi, la, si et par une petite verti-cale sur les notes fa et sol.

Tableau 4

do ré mi la si fa sol

La première octave au dessous du sol se marque par une petite horizontale à la fin du tracé de la valeur de note déjà précédée du nom de la note.

Tableau 5

Remarque. — On verra dans ce tableau

6ᵐᵉ Liv.

que tous les sténogrammes sont écrits d'un seul trait de plume et par suite, que les angles sont évités le plus possible dans le tracé. On ne sera point embarrassé de faire ainsi lorsqu'il s'agira d'écrire cette octave à la suite des doubles-croches, triples et quadruples croches, si l'on commence le tracé du nom de la note de bas en haut, toutes les fois que cela est nécessaire, et si on écrit ces valeurs en reculant, pour que l'octave puisse se suivre sans le moindre inconvénient. De cette manière, on évitera les angles et on arrivera à écrire les notes avec rapidité et lisibilité à la fois.

xx.x.x.xxx

Deuxième octave.

La deuxième octave au dessus du sol, se marque par une petite oblique tracée de gauche à droite sur les notes do, mi, fa, si, et par une petite oblique tracée de droite à gauche sur les notes ré, sol, la.

Tableau 6

| / (∧ \ ) ∨

(tableau de symboles manuscrits)

Si

La douzième octave au dessous du sol se marque à la fin du tracé de la valeur des mots par une petite oblique tracée de gauche à droite pour les valeurs précédées de do, mi, sol, la, et par une petite oblique tracée de droite à gauche pour les valeurs précédées de ré, fa, si. La Remarque faite au tableau s'applique aussi à cette octave.

Tableau 7.

do o	do o	do o	do o	do 8	do 8	do 8
♩	♩	♩	♩	♩	♩	♩
mi o	mi o	mi o	mi o	mi 8	mi 8	mi 8
sol o	sol o	sol o	sol o	sol 8	sol 8	sol 8
la o	la o	la o	la o	la 8	la 8	la 8
ré o	ré o	ré o	ré o	ré 8	ré 8	ré 8
fa o	fa o	fa o	fa o	fa 8	fa 8	fa 8
si o	si o	si o	si o	si 8	si 8	si 8

Troisième octave

—

La troisième octave
au dessous du sol se marque par
un petit demi-cercle tracé sans
angle sur la note.

Tableau 8

La troisième octave au dessous du Sol, se marque par un petit demi - cercle placé à la fin du tracé de la valeur des notes.

Tableau 9

Remarque —

Dans ce tableau, les croches, doubles, triples et quadruples croches, sont tracées en reculant afin de bien distinguer l'octave qui les suit.

Quatrième octave.

—

La quatrième octave au dessus du sol se marque par un petit demi cercle, placé sur les notes, ayant la forme d'un C ou d'un C retourné.

Tableau 10

Cinquième octave.

La cinquième octave au dessus du sol se marque par un angle tracé sur les notes.

Tableau 11.

Sixième octave.

La sixième octave au dessus du sol
se marque par un triangle placé sur le note :
Tableau 12.

Septième Octave

La septième octave au dessus du sol
se marque par un carré placé sur le note :
Tableau 13

Abréviations des signes
d'octaves et valeurs.

Lorsque dans une mesure toutes les notes sont à la même octave, la première note seulement porte l'indication de l'octave, mais on usera de ce procédé avec précaution lorsqu'on voudra abréger, suivant le cas, la longueur des mesures par le double-note dont il sera question au paragraphe 17.

Lorsque dans une mesure, toutes les notes seront des blanches ou des noires, la première note porte seulement la valeur.

S. 10. — Des Modes majeurs et mineurs
et des signes altératifs.

Les tons d'un morceau est indiqué par les signes altératifs écrits au commencement de la ligne musicale. Il sera ainsi possible de savoir dans quel ton on se trouve, sachant qu'avec un dièze, on est en sol majeur ou en mi mineur; avec deux dièzes, on ré majeur ou en si mineur $\frac{r}{5}$; et que le premier dièze exerce sa fonction sur le fa, le

second sur le do dièze. — Le ton pourra être
d'ailleurs écrit en toutes lettres en tête du
morceau. — Les signes altératifs en usage
dans la musique vulgaire sont remplacés
dans la musique sténographiée par des
signes plus simples et plus faciles à tracer.

Tableau 14.

Dièze	7
Double dièze	7
Bémol	L
Double bémol	4
Bécarre	×

§. 11. — De la Mesure.

La barre perpendiculaire servant
à séparer les mesures est remplacée par deux
petites lignes horizontales placées entre
chaque mesure. Cette séparation sera
toujours de même dimension dans le
morceau et partira du dernier sténogramme sans le toucher : =

L'indication de la mesure
sera écrite comme à l'ordinaire ou en
toutes lettres en tête du morceau.

§. 12. — De la ligne d'achèvement
et des reprises.

La ligne d'achèvement sera tracée
de la même manière que la mesure, avec
cette différence que les deux petits horizontales seront coupées par une verticale : ǂ

La reprise s'écrira comme à
l'ordinaire par deux points placés au dessus
et au dessous de ligne de séparation : ⫤

§. 13 — Des Séries de Notes, triolets, sextolets &ᵃ
dans la musique vocale et instrumentale.

Les Croches, doubles, triples et quadruples croches qui se succèdent dans la mesure,
forment ce qu'on appelle des séries de notes
qu'il est avantageux de réunir surtout
pour la musique instrumentale, par des
lignes appelées lignes de séries placées toujours sous les notes.

Les lignes de séries sont au nombre
de quatre, savoir :

Tableau 15.

Pour les croches . . . . ‿
Pour les doubles croches . . . . . . ⌒⌒
Pour les triples croches . . . . ⌒⌒⌒
Pour les quadruples croches . . . . . ⌒⌒⌒⌒

Les triolets et sextolets :

seront aussi réunis par les lignes de séries. Ils seront indiqués par le chiffre ordinaire qui leur convient, lequel sera placé au-dessous de la ligne de série.

Les valeurs des notes, ainsi réunies, ne seront pas écrites. Par conséquent, le petit demi-cercle de la croche, les deux petits cercles de la double-croche, les trois de la triple-croche et le quatre de la quadruple-croche, seront dans ce cas supprimés; ne subsisteront, que le signe de l'octave et le nom de la note.

Dans la musique vocale au contraire, on ne pourra faire qu'un petit usage des lignes de séries. Les valeurs seront exprimées par leurs figures, les notes seront écrites de la manière qu'il convient pour le chant.

§. 14. — Des Syncopes et des Liaisons.

Les Syncopes et les Liaisons indiquées par ce signe ‿ dans la musique vulgaire, le seront aussi par le même signe dans la musique sténographique, avec cette différence que le signe sera toujours placé au-dessus des notes.

§. 15.— Du point et des signes divers
employés dans la musique.

Le Point qui augmente la note de
la moitié de sa valeur, le second point
qui l'augmente encore de la valeur du
premier point, le point d'orgue, le piqué,
le détaché, le crescendo, le decrescendo,
le quyestto et tous les signes de nuances employés dans la musique, demeurent in-
tacts dans la musique sténographiée.
On pourra les écrire par leurs signes respec-
tifs, comme on les a vus dans les Notions
préliminaires, ou bien en toutes lettres.
Toutefois, les signes crescendo et decrescendo
lorsqu'ils s'étendent sur plusieurs notes,
seront écrit ainsi : ———

§. 16.— Des Notes d'Agréments.
—

Les petites notes ou notes d'a-
grément, auront dans la musique
sténographiée la moitié de la grandeur des notes ordinaires. Ces petites notes
seront traversées d'un demi-cercle
qui les liera avec la note suivante.
Mais on pourra, dans le début, et
sans le moindre inconvénient, tracer
les notes d'agrément de la grandeur des
notes ordinaires.

Exemple de Notes d'agrements :

Lorsque les petites notes formeront
un groupe le demi cercle, alors sous l'as-
pect d'une liaison partira de la première
note jusqu'à la note ordinaire

Exemple :

Le Grupetto sera écrit dans la
mesure entre les Notes par son signe particulier : ∿ ou par les petites notes.

Exemple :

§ 17. — Des Doubles Notes ; de leur
emploi au point de vue de l'abréviation
des mesures.

1° Les Doubles notes sont deux
notes entrelacées dont la première à exécuter
est seulement marquée de l'octave
et de la valeur, la seconde ne différent
de la première que par le nom.

2° Les Double - notes ont

pour but, d'abréger la longueur de quelques mesures.

3º Les notes que l'on voudra entrela-
cer devront être de la même octave et de la
même valeur afin qu'il soit possible de
distinguer la première à exécuter.

4º Mais la valeur n'est écrite à
la suite de la première note que si cette
valeur est une ronde, une blanche ou
une noire. Pour ce qui est des autres valeurs, on se servira des lignes de séries, ce qui
sera plus facile et plus rapide.

5º Toutes les doubles notes devront,
être tracées conformément aux tableaux ci-
après qui sont au nombre de vingt.

Les 10 premiers tableaux,
(Valeurs écrites) comprennent toutes les
notes enlacées portant la valeur de la
ronde et l'indication des octaves au
dessus et au dessous du fil de la clé.

Étant donnée la valeur de la ronde
à la suite de chaque note, il sera facile
de tracer aussi les octaves à la suite d'une
blanche ou d'une noire, de même que
sur les notes ayant ces valeurs

Les dix derniers tableaux (Valeurs

non écrits) comprennent toutes les notes portant seulement l'indication des octaves
sur le nom de la note et à la fin du nom
de la note, puisque les quatre dernières valeurs au lieu d'être écrites seront remplacées par les lignes de séries qui sont
précédemment indiquées.

Premièrement
Valeurs écrites

Première octave au dessus du sol sur
toutes les notes accompagnées de la Ronde.
Tableau 1

Première octave au dessous du Sol
à la suite de la valeur des Notes :.

Tableau 2

Deuxième octave au dessous du Sol
sur touts les Notes.

Tableau 3

Deuxième octave au dessous du Sol,
à la suite de la Valeur des Notes.

Tableau 4.

Troisième octave au dessus du Sol
sur touts les Notes.

Tableau 5.

Troisième octave au dessous du Sol, à la suite de la valeur des Notes.

Tableau 6.

Quatrième octave au dessus du Sol, sur toutes les Notes.

Tableau 7

Cinquième octave au dessus du
Sol, sur toutes les notes.

Tableau 8

Sixième octave au dessus du Sol
sur toutes les notes.

Tableau 9

Septième octave au dessus du
Sol, sur toutes les Notes:

Tableau 10.

Deuxièmement,
Valeurs non-écrites, remplacés
par les lignes des séries.
Première octave au dessus du sol sur toutes les Notes.

Tableau 11

Première octave au dessous
du sol, à la fin des Mots:

Tableau 12

Deuxième octave au dessus du Sol
sur toutes les Mots.

Tableau 13

Deuxième octave au dessous
du sol, à la fin des Notes.

Tableau 14

Troisième octave au dessus du
sol, sur toutes les Notes :

Tableau 15

Troisième octave au dessous du
sol, à la fin des mots.

Tableau 16

Quatrième octave au dessus
du sol, sur touts les mots.

Tableau 17

Cinquième octave au dessus du Sol
sur touts ℓ Notes.

Tableau 18

Sixième octave au dessus du Sol
sur touts ℓ Notes.

Tableau 19

Septième octave au dessus
du Sol, sur toutes les Notes :

Tableau 20
—

Observation importante sur les Doubles-Notes d'abréviation.

Ainsi que je l'ai dit plus haut, on ne doit employer les Doubles-notes, que lorsque certaines mesures trop longues, les rendent nécessaires.

On n'aura à se servir que rarement des doubles Notes composant la première série (Valeurs écrites) ; mais on usera, au contraire, souvent de la deuxième série (Valeurs non-écrites) D'autant mieux qu'elle est plus facile à lire et à écrire et en même temps plus rapide, puisque les valeurs sont remplacées par les lignes de séries.

Dans l'écriture des doubles-notes qui nous occupent, on se rappellera que c'est seulement la première note à exécuter qui doit porter l'octave et s'il y a lieu la valeur.

×××××××

S. 18.— Application de ce qui précède ou Exercices de traduction.

—

Afin de se bien pénétrer des règles de la sténographie musicale et de parvenir à l'écrire correctement, j'engage ceux de mes lecteurs qui sont musiciens, à faire des exercices de traductions dans le genre de ceux qui suivent et à s'exercer ensuite à chanter ou à jouer des morceaux sténographiés.

Quant à ceux qui ne connaissent pas la musique, ils l'apprendront en bien moins de temps avec mon système sténographique que ne l'aura fait un musicien avec la musique sur portées.

On consultera les tableaux des octaves et ceux des doubles-notes, dans les exercices de traductions.

×

Exercices

La première ligne est la musique sur portée.

La deuxième ligne est la musique sténographiée.

1er Exercice

à la première octave au dessus du Sol et à la première au dessous, écrit sans accidents ni lignes de séries

Mesure à quatre temps
Morceau en do majeur.

(Rodolphe)

2ᵉ Exercice

aux mêmes octaves que le précédent, où
l'on verra qu'il est avantageux de se servir des lignes de séries.

(Rodolphe)

$$C = ? ? \Lambda ? ? = ? \Lambda \cdot \Lambda = ? ? ? = ? ? =$$

$$\angle |V \setminus \Lambda|| = |\Lambda V ? \subset V \Lambda| = \supset ? | ? V \ne$$

3ᵉ Exercice

aux mêmes octaves, où l'on verra que lorsque toutes les notes d'une mesure sont
des blanches ou des noires, la première
note porte seulement la valeur.

(Rodolphe)

$$C = ? = ? | = \Lambda ? | \Lambda = ? \circ = ? = ? \Lambda = ? \Lambda |V = \Lambda \circ \sharp$$

4.ᵉ Exercice

aux mêmes octaves, avec doubles croches et 1 dièze
à la lignée, où l'on verra que lorsque toutes les
notes d'une mesure ou d'un groupe, sont à la
même octave, il n'y a que la première note
qui porte l'indication de l'octave.

(Rodolphe)

5.ᵉ Exercice

aux mêmes octaves, où l'on verra qu'il est avantageux de se servir des doubles notes d'abréviation toutes fois que cela sera possible.

(Rodolphe)

6e Exercice
(Transcrit de la clé de Fa)
à la 2e octave au dessous du sol

(G. Dupont)

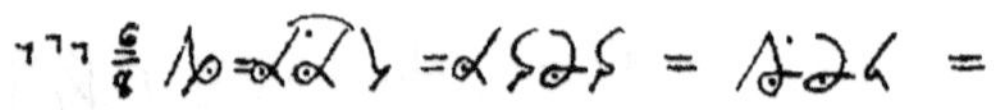

7e Exercice
(Transcrit de la Clé de fa)
à la 3e octave au dessous du sol

(Imbert)

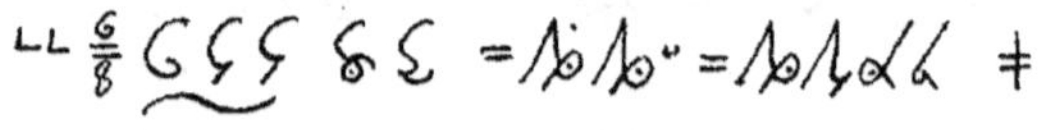

8ᵉ Exercice

à la troisième octave au dessus du Sol avec
liaisons et autres signes, où l'on verra que les
croche suivie de deux double-croches peuvent
être réunies ensemble par une seule ligne
en série.

(Bléger)

9ᵉ Exercice

à la douzième octave au dessus du Sol avec
trémolo à ligne et triolets.

(Verdi)

10e Exercice

à la deuxième octave au dessus du sol, avec triples-croches.

(Gr. Verdi)

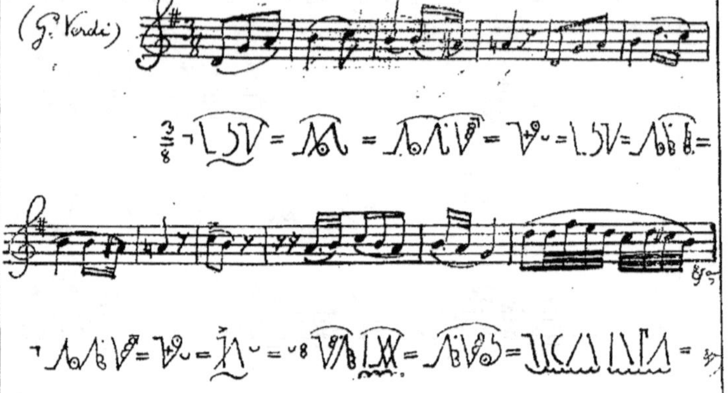

11e Exercice

à la même octave, avec notes d'agrément.

(Rodolphe)

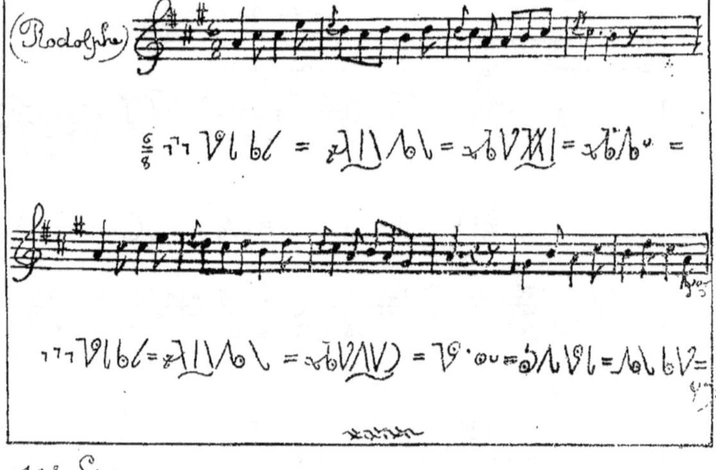

12e Exercice
Récapitulation des précédents.

(Mazus)

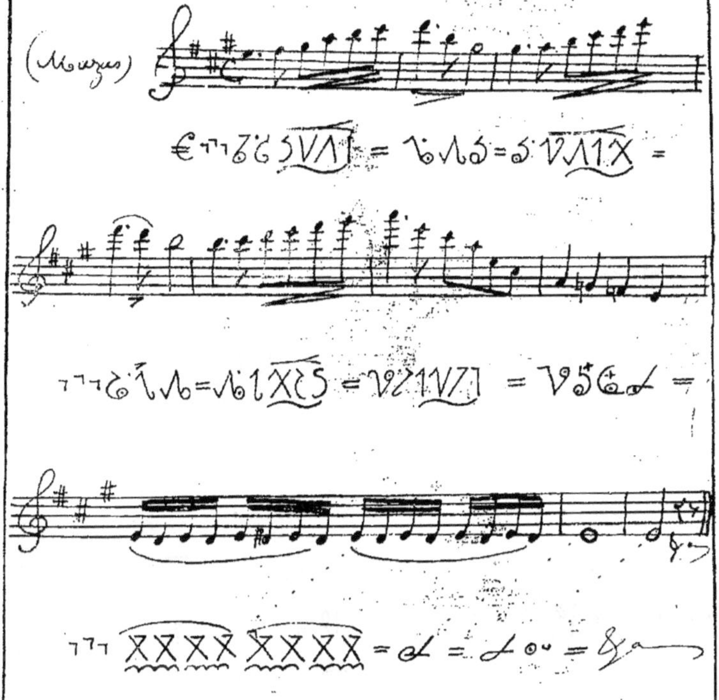

Morceaux à solfier

№. 1. Chant.

Paroles de J. Bertrand — **Les Rameaux** — musique de J. Faure.

Andᵗᵉ maestoso

Sur nos chemins les rameaux et les fleurs

Sont ré-pandus dans ce grand jour de fê-te

Jé-sus s'avance, il vient sé-cher nos pleurs

Dé-jà la foule, à l'ac-cla-mer s'apprête;

Rall.

3 Strophes.

Peu-ples, chantez, chan-tez en chœur Que vô-tre voix à no — tre

voix ré-pon-de: Ho-san-na gloire au Seigneur!

Slargando — *Largo* — *Tempo*

Bé-ni celui qui vient sau-ver le mon — de!

(musique de G. Vasi) N° 2 (Pour instrument)

Mélodie de Jeanne d'Arc

Allegro moderato.

[notation musicale en écriture symbolique]

1ère fois   2ème fois

[notation musicale en écriture symbolique]

— fin —

§. 19. — Des Doubles Notes, au point de vue de leur exécution dans la musique.

Ceux qui n'ont pas d'instruments à cordes, à touches ou à soufflet, l'écriture des doubles-notes qui vont suivre ne sera pas utile, car elles ne s'appliquent qu'à la musique pour ces instruments.

Les Doubles-Notes étant dans tous les cas de même valeur, il n'y a de différence dans celles qui nous occupent avec celles qui précèdent, que par le tracé de l'octave particulière à chaque note entrelacée.

Donc, comme exécution dans la musique, les doubles notes, qui ont toujours la même valeur, n'ont pas toujours la même octave.

C'est pourquoi, les deux notes entrelacées s'exécutent ensemble par un même mouvement.

Définitions.

1° Les doubles notes étant toujours de la même valeur, une seule note doit porter la valeur.

Exemple :

2° Si les doubles notes appartiennent à des octaves au dessus du sol de la clé, chaque note portera son octave particulière.

Exemple :

3° Si les doubles notes appartiennent à des octaves au dessous du sol de la clé, une octave sera tracée à la suite de la valeur et l'autre à la suite du nom de la note.

Exemple :

4.° Si les Double-notes appartiennent à des octaves au dessus et au dessous du sol de la clé, l'octave au dessous sera écrite à la suite de la valeur et celle au dessus sera écrite sur le nom de la note non suivie de la valeur

Exemple : ⟨symbole⟩

5.° Lorsque les double-notes appartiennent à la même octave, une seule note portera seulement l'octave.

Exemple : ⟨symbole⟩

6.° Lorsque les double-notes auront l'une des quatre dernières valeurs, on fera usage des lignes de séries.

Exemple :

⟨symboles⟩

7.° Lorsque les double-notes seront du même nom, elles seront jointes ensemble et ce qui vient d'être dit leur sera aussi appliqué.

Exemple : ⟨symboles⟩

Les sténogrammes formés par les double-notes à exécuter, sont au nombre de 28. En effet, chaque note de la gamme montante, accompagnée de sa suivante, donne le résultat ci-après.

do do — do rè — do mi — do fa — do sol — do la — do si .
ou : rè do — mi do — fa do — sol do — la do — si do

rè rè — rè mi — rè fa — rè sol — rè la — rè si
ou : mi rè — fa rè — sol rè — la rè — si rè.

mi mi — mi fa — mi sol — mi la — mi si .
ou : fa mi — sol mi — la mi — si mi .

fa fa — fa sol — fa la — fa si
ou : sol fa — la fa — si fa .

sol sol — sol la — sol si
ou : la sol — si sol .

la la — la si
ou : si la
si si :

§. 20. — *Exercices*
sur les *Doubles-Notes*
d'exécution

Exercice en rondes.

(Mazas)

Exercice en blanches.

Exercice en Noires.

Exercice en croches et doubl croches.

(Kreutzer)

S. 21 — Des Triples Notes

Tout ce qui est dit précédemment
sur les doubles-notes, sera observé pour les
triples notes, avec ce qui suit :

1° Les triples notes sont trois notes
entrelacées, dont la première porte seulement
la valeur, excepté dans le cas où il y a lieu
de faire emploi de lignes de séries.

2° Lorsque les triples notes sont à la
même octave, une seule note en porte seulement l'indication

3° Lorsque les triples notes ne sont
pas à la même octave, les trois notes doivent
porter l'octave

4° Lorsque dans les triples notes, il
se trouve un fa ou un sol, la première
octave au dessus et au dessous du
sol de la clé se trace ainsi : au dessus, ( ) ; au dessous : ( ) ; au lieu
de ( ) ; .

Exemples de triples notes.

§. 22 — Des Quadruples notes.

On observera absolument pour les quadruples-notes ce qui est dit sur les doubles Notes en y apportant les modifications suivantes:

Quatre notes ne pouvant être entrelacées, sans nuire à leur lisibilité, les deux premières notes seront d'abord écrites, puis on placera les deux autres au dessous.

Dans la musique avec quadruple notes, et par exception, la ligne de séparation des mesures est remplacée par la ligne d'achèvement; ǂ et la ligne d'achèvement est elle-même remplacée par ce signe ǂǂ ...

Exemple.

§. 23. — Des Quintuples Notes.

On peut également obtenir des quintuples notes en obser-

vaut, ce qui est dit sur les précédents.
On placera les triples notes au dessus et
les doubles au dessous, en séparant les mesures comme pour les quadruples notes

Exemple :

Abréviation des Signes altératifs.

Pour pouvoir abréger l'écriture des signes
altératifs, il faut : 1º Que les octaves
des Notes altérées soient au dessous du
sol de la clé ; 2º ou que les octaves des
notes au dessus du sol de la clé soient
abrégées comme il est, indiqué à la fin
des tableaux des octaves.

Les signes altératifs ainsi abré-
gés, seront adaptés au nom de la note
altérée, de la manière suivante :

1º Le Dièze sera marqué
par une petite ligne horizontale
tracée Derrière le nom de la note
altérée et presque à son extrémité,

en faisant toucher.

Ex : ↑\↗↗⋶∋∨↗.

2° Le Bémol sera marqué également par une petite ligne horizontale tracée devant le nom de la note altérée, et presque à son extrémité en faisant toucher. Ex : ↑\↗⋶∋∨↗

3° Le Double Dièze se fera comme le dièze, avec cette différence qu'il sera coupé par une petite verticale, ou une petite oblique, suivant le cas.

Ex : ↑\↗⋶∋∨↗

4° Le Double Bémol se fera comme le bémol, avec la même différence que pour le dièze.

Ex : ↑\↗⋶∋∨↗

5° Et enfin, le Bécarre, sera représenté par les signes du dièze et du bémol, tracés en forme de croix, presque à l'extrémité du nom de la note remise dans son ton naturel.

Ex : ↑\↗⋶∋∨↗

Conseils pratiques.

Toutes les notes devront être régulières et autant que possible de moyenne grandeur. A cet effet, on tracera au crayon deux lignes horizontales en laissant entre chacune l'espace que l'on jugera convenable à sa portée pour le placement des notes.

Avant d'entreprendre l'exécution d'un morceau de musique sténographiée, on fera d'abord l'analyse des mesures; puis, on le solfiera en nommant les notes, en observant la durée qui convient à chacune et, lorsqu'on sera sûr de sa lecture, on pourra l'exécuter.

En moins d'une heure, un musicien (après lecture préalablement faite de ma méthode)

peut traduire en sténographie
musicale un chant quelconque
et le solfier ensuite parfaitement.

Fin de la Méthode

Tous renseignement plus
amples sont donnés gratuitement
par l'auteur, à tout acheteur
de la présente méthode, sur
demande affranchie et conte-
nant un timbre pour la réponse.

En cours de publication :

Le Solfége de Rodolphe

en Sténographie musicale Labatut

Une réduction d'un franc, sera
faite sur le prix de l'ouvrage à toutes les person-
nes qui auront souscrit par lettre à l'adresse de l'auteur de la méthode, avant le premier
Janvier 1890.

Table

Sténographie Musicale.

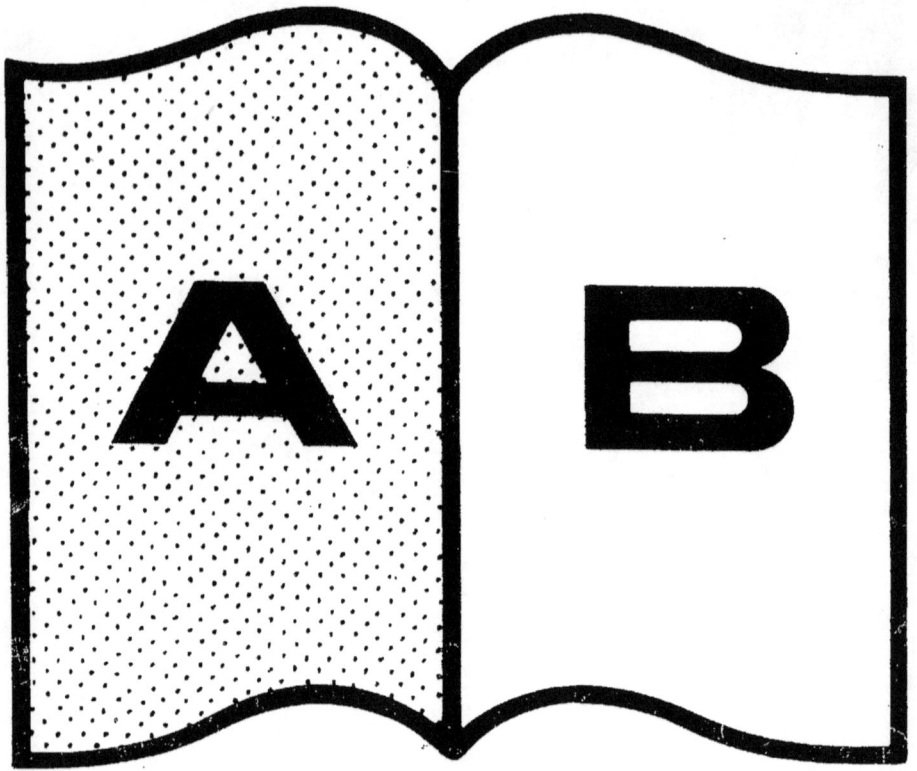

Contraste insuffisant

NF Z 43-120-14

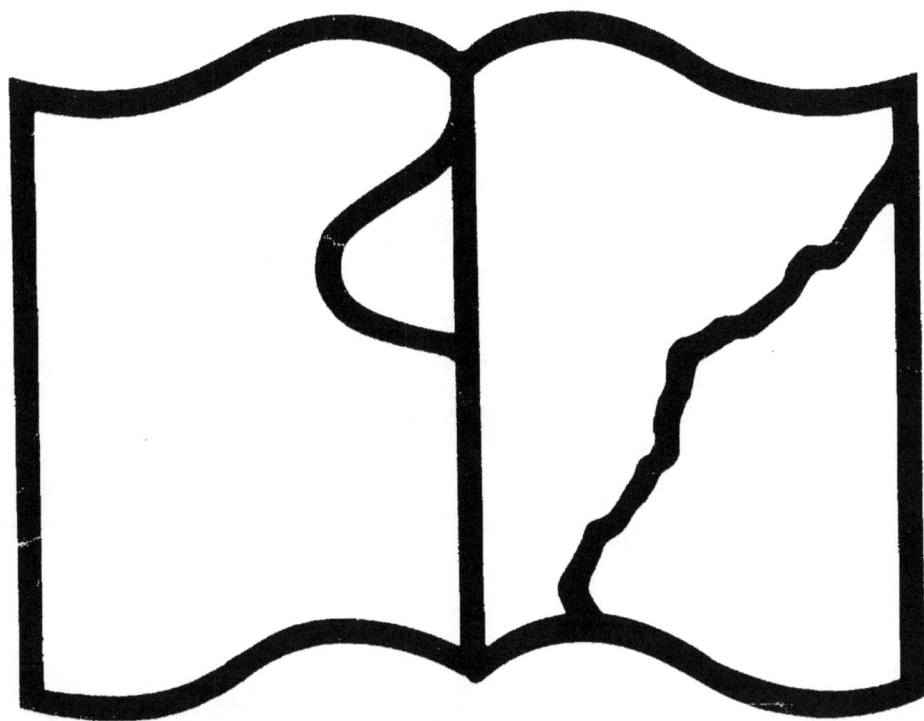

Texte détérioré — reliure défectueuse

NF Z 43-120-11